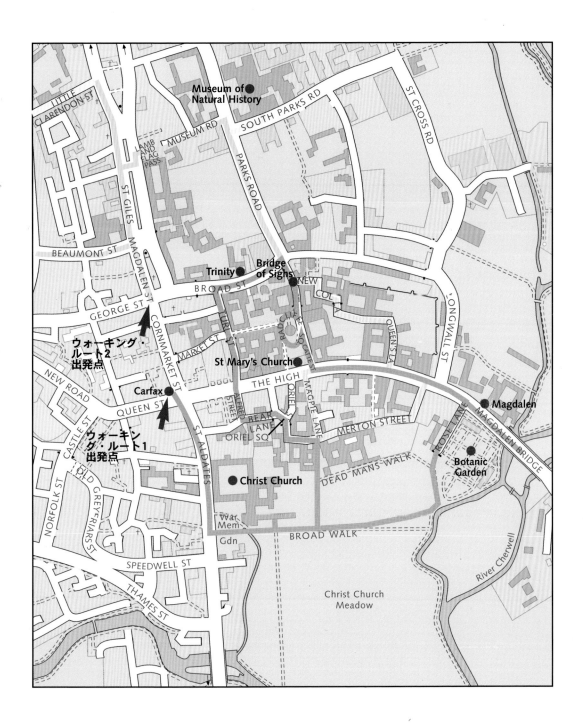

オックスフォードへようこそ

古都オックスフォードには40余りの由緒あるカレッジが複雑に連なりあって存在している。数百年間を経て変わらないたたずまいを見せる敷石の街路。木のくぐり戸から垣間見え人の心をいざなうよく手入れされた芝の緑、カレッジの中心部に通じるこぎれいなクウォドラングル（中庭）と古い階段。見上げればそこには幾多の大鐘楼、由緒ある彫像、雲をつく細い尖塔。

オックスフォードには古都の美に加えて、劇場、ギャラリー、書店、カフェ、パブ、レストランなど、近代都市のあらゆる魅力が備わって活気を添えている。今日の観光客は21世紀の快適さを味わいながら、世界でも有数の大学町に備わった至宝を鑑賞することができる。

オックスフォード小史

テムズ川に牛が横切れるほどの浅瀬となっていたこの土地に、最初に集落ができたのがいつの時代かは定かではない。いずれにしろ当初「オクセンフォード（雄牛が渡る小川）」と呼ばれたこの土地は、伝承によればサクソン人の王女フリーデスウィーデが、神の恩寵によって好色な求婚者を逃れ、ここに修道院を創設して以来伝説の地となった。クライスト・チャーチ大聖堂内の聖母礼拝室には、聖フリーデスウィーデの聖廟がある。

この伝承の真偽は別として、12世紀までに、殊に1167年にヘンリー二世によってイングランドの学生がパリの大学に留学することが禁止されて以降、オックスフォードが学問の中心地となった事実に疑問の余地はない。13世紀までには、乱暴で騒がしい者も多かった学生と町の人々との間でトラブルが起こったため、初期の学生寮が設立され、学生を管理するようになった。その後最初のカレッジ群が設立された。ユニバーシティ・カレッジ、マートン、ベイリアルは最古のカレッジで、いずれも1249年から1280年までの間に創設されている。

16世紀半ばには英国国教徒であったトマス・クランマー、ニコラス・リドリー、ヒュー・ラティマーがプロテスタント信仰を支持したために、ここで火刑に処されている。それから100年後清教徒革命戦争中、オックスフォードは熱烈な王党派拠点であった。19世紀半ばには初期のキリスト教精神の復興を狙ったオックスフォード運動が起こり、創始者のジョン・キーブル、ジョン・ニューマン、トマス・アーノルドによって広められた。その間一貫してオックスフォードの町も大学も拡大され、それとともにドームや尖塔を備えた見事な建物が連なり合う町並みが出来上がり、今日毎年何百万もの観光客を集めている。

カーファックスと
セント・オールデーツ

カーファックスは往来の盛んな交差点で、何百年もの間集会場の役割を果たしてきた。カーファックスとはラテン語の *quadrifurcus*（「四つ辻」の意）に由来しており、一時はここに大規模な市場が広がって、大きな教会と石造りの水道が設けられていた。道路が混雑していた時期もあったが、現在では交通規制が敷かれている。このカーファックスから徒歩で、セント・オールデーツ沿いにクライスト・チャーチに行くことができる。

カーファックス・タワー

14世紀に建立され、装飾レプリカの「クォーター・ボーイ（15分おきに時を告げる人形）」が組み込まれた時計塔、カーファックス・タワーの上からは壮大な眺めを楽しむことができる。オックスフォードの有名な景観を楽しむには99段の階段を登ることが必要だが、それだけの価値はある。この塔は中世の市教会であり、1896年に取りこわされたセント・マーティン教会の唯一のなごりである。

ゴールデン・クロス

ここゴールデン・クロスの宿場旅亭には1593年、ロンドンに向かう途中のウィリアム・シェイクスピアが滞在したと言い伝えられている。この魅力的な商店街広場はかつては、宿場旅亭の中庭となっていた。今日でも昔同様、旅行客はこの広場のカフェやレストランで、空腹やのどの渇きを満たすことができる。ゴールデン・クロスからテント市場への入り口があり（8ページ参照）、こことコーン・マーケットとの間を自由に行き来することができる。

カーファックス・タワー

ゴールデン・クロス

ペンブルック・カレッジ

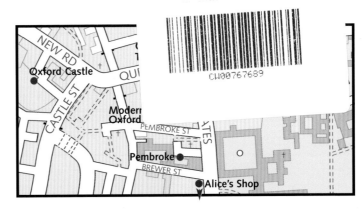

クロムウェルのデスマスク
（オックスフォード博物館）

ペンブルック・カレッジ

ペンブルック・カレッジは 1624 年創立。その名前は当時大学総長だった第三代ペンブルック伯にちなんだもので、法学を専門としている。このカレッジの卒業生には、マイケル・ヘーゼルタイン元副首相がいるが、さらに 3 世紀以上さかのぼってサミュエル・ジョンソンを輩出している。辞書編集者として名高いジョンソンは変人で、任期であった 1728 ～ 9 年の 4 学期間を通じてめったに自室を出ることがなかった。またお茶好きで知られ、当カレッジにはいまだにジョンソンの大きなティーポットが残っている。また J.R.R. トールキンは、ペンブルック・カレッジでアングロ・サクソン学の教授を務めた 1926 ～ 1945 年の間に、「ホビットの冒険」を著している。同カレッジのチャペルは絵画で有名である。

オックスフォード博物館

階段を登ってオックスフォード博物館に入ると、そこはオックスフォードの過去を語る秘蔵のコレクション。曲がりくねって延々と続く展示室でこの町と大学の歴史を発掘することができる。ここには最初にカーファックス・タワーにあった「クォーター・ボーイ」のオリジナルや、考古学上の発掘品、過去何世紀もの間の大学生活の情景なども展示されている。

オックスフォード現代美術館

ここは敷石で舗装された古いオックスフォードの街とは、まったく対照的である。この美術館は最高の現代美術品を展示しているともっぱら国際的な定評がある。常設の展示は行っていないものの、ビジターは開催中の展覧会を見ることができるし、カフェも完備されている。

アリス・ショップ

子供達が大喜びのアリス・ショップは、「不思議の国のアリス」の主人公のモデル、アリス・リデルが少女時代に実際にお菓子を買っていた店であり、また同じくルイス・キャロルの「鏡の国のアリス」の物語中で、アリスが不機嫌な羊の店員に対応されるのもこの店。

オックスフォード城

「オックスフォード・アンロックド（城の秘密解明）」展示で、ビジターはこの城や牢獄の中でどんなことが行われていたか、オックスフォードに秘められた暗い過去をうかがい知ることができる。この史跡はカフェやレストランがある、大規模商業開発のコートヤードと隣り合わせとなっている。オックスフォード城は、ニュー・ロードとキャッスル・ストリートから少し入ったところにある。

クライスト・チャーチ

アリス・ショップからセント・オールデーツを横切ると、16世紀初めにウルジー枢機卿によって創設され、オックスフォードの全カレッジのなかでも最も壮麗な、クライスト・チャーチのゲートウェイが見える。門を通って「ザ・ハウス（館）」（クライスト・チャーチの住民はカレッジをこう呼ぶ）に向かって庭を抜けると右手にクライスト・チャーチ・メドウがある。右手にある遊歩道を行くとテムズ川（オックスフォードでは勿体をつけてアイシスと呼ばれている）に出る。

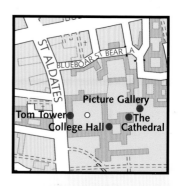

クライスト・チャーチ・カレッジ

1525年、ヘンリー八世の大法官であったウルジーが資金と野心を惜しみなくつぎ込んで創設したのが、当時のカーディナル・カレッジでオックスフォードでも最も壮麗なカレッジであった。ウルジーはその大事業の敷地として、フリーデスウィーデ小修道院跡を選んだ。が、ウルジー枢機卿はそれから4年後に国王の恩寵を失った。国王は1546年、このカレッジと大聖堂に自らの印章を刻印し、クライスト・チャーチと改名した上でこの壮麗なカレッジ・チャペルを市全体の大聖堂としたが、チャペルがこのような目的に供されたのは世界でも例のないことであった。

クライスト・チャーチ

イーブリン・ウォー

ザ・ハウス（クライスト・チャーチ）はイーブリン・ウォー著「ブライズヘッド再訪」の劇中人物セバスチャン・フライトが所属していたカレッジで、ウォー（彼自身はハートフォード・カレッジ出身）はセバスチャンの部屋をメドウ館に設定している。同書の登場人物の一人が、トム・クウォッド池に無理矢理頭を突っ込まれた話をする鼻持ちならない気取り屋、アンソニー・ブランチである。

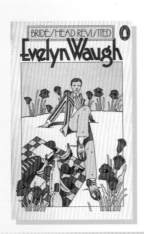

トム・タワー

巨大な八角塔を備えたこの壮大なゲートハウスはもともとウルジーが建造を計画したものの、1681 年にクリストファー・レンによって完成されたもので、マーキュリー像が養魚池の端に立つトム・クウォッドと呼ばれる中庭を見下ろしている。この中庭とゲートハウス全体の名前の由来となっている、重量 7 トンの鐘「グレート・トム」は設立当初の学生数が 101 名であったことから、今でも毎晩 101 回鳴らされている。

カレッジ・ホール

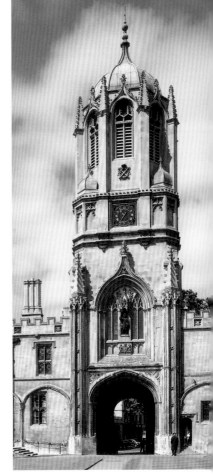

トム・タワー

大聖堂

この大聖堂の中は 8 世紀、ここに小修道院を創設したと言われる、聖フリーデスウィーデの聖廟となっている。ここのステンドグラスは、19 世紀半ばにオックスフォードの学生だったラファエロ前派のアーチスト、エドワード・バーン＝ジョーンズ制作の近代的なパネルによって、彼女の逸話を記念した絵柄となっている。荘重な丸天井の下で聖歌隊の演奏を鑑賞しながら、巨大でこそないものの、この聖堂の尖塔がイングランドで最初に建設されたものであったことを思い起こすのも良い。

カレッジ・ホール

印象的な肖像画が掛けられ、磨き上げた木製の長テーブルで統一された大ホールは、有名なハリー・ポッターの映画に出てくる、ホグワート校のダイニング・ホールのヒントとなった。数学科の学監だったチャールズ・ドジソン（別名ルイス・キャロル）もここの常連だったわけで、食事中にきっと「不思議の国のアリス」の構想を練っていたことだろう。

絵画館

ここには 400 年間に亘るイタリア絵画の素晴らしいコレクションが収められているが、その中にはヴェロネーゼやティントレットの作品も含まれている。そのほかにも多数の作品があり、展示内容は定期的に変更される。

タール・ストリート

かつてこの通りを防護していた「トワール（回転式）」ゲートから名づけられたこの通りは、簡単に「ザ・タール」と呼ばれることも多く、この狭い通りは 3 つのカレッジに通じている。ザ・タールから左に曲がりマーケット・ストリート沿いに行くと、カーファックス（4 ページ参照）の屋台市場の混雑が収拾不能になったため、1772 年にここに移転してきたオックスフォード名物のテント市場に出る。この市場には畜肉、鮮魚、花、その他生鮮食品、衣料品、書籍、パン、ケーキの屋台からカフェまであって、いくら時間があっても足りないので御用心。

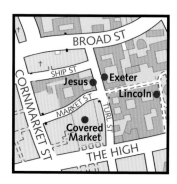

リンカーン・カレッジ

このカレッジの建物の大部分は 15 世紀に建設されたオリジナルの建築であるが、カレッジの図書館は隣のオール・セインツ教会の中にある。メソジスト派の創立者ジョン・ウェズレーはクライスト・チャーチを卒業後、リンカーン・カレッジの評議員となった。

エクセター・カレッジ

エドワード・バーン＝ジョーンズとウィリアム・モリスのタペストリーなど、贅沢な装飾を持つエクセター・カレッジのチャペルは、コリン・デクスターの小説に出てくる音楽好きな警官、モース警部が生涯最後の音楽を聴いたところ。モース警部はここで「イン・パラディスム」を聞いてから、外の芝生で倒れるのだった。

テント市場

エクセター・カレッジ

ジーザス・カレッジ

ジーザス・カレッジは 1571 年、オックスフォードにウェールズ出身者のためのカレッジを設立することを念願した、ペンブルックシャーのセント・デービッド大聖堂管理者だったヒュー・プライスによって創立された。T.E. ロレンス（アラビアのロレンス）や、ハロルド・ウィルソン元首相はともにこのカレッジの出身者である。

ブロード・ストリート

ザ・タールのつきあたりがブロード・ストリートで、ここはかつてオックスフォード市の城壁外であった。名前の通り幅広い往来はシティ・センターの北の境界線となっている。この通りは書店、カレッジ・ショップ、TIC（ツーリスト・インフォメーション・センター）、各カレッジ、そしてシェルドニアン・シアター（10 ページ参照）の非凡な建築が目当ての学生と観光客でにぎわっている。

ノース・ゲートのセント・マイケル教会

ベイリアル・カレッジ

ベイリアル・カレッジ

1263 年紛争を起こした罪の償いとして、ジョン・ド・ベイリアルが創設したベイリアルは、元来貧しい学者のためのカレッジであった。ベイリアル・カレッジ出身者の中では、作家のマシュー・アーノルド、ジェラード・マンリー・ホプキンズ、オールダス・ハクスリー、グレアム・グリーン、アンソニー・パウエル、ネビル・シュート、政治家のロイ・ジェンキンス、エドワード・ヒース、ハロルド・マクミラン、デニス・ヒーリーが有名。

ノース・ゲートのセント・マイケル教会

セント・マイケル教会のサクソン時代の塔は、かつては市の城壁の一部だった 1000 年ほど前の建築で、オックスフォード最古の建物である。この塔には豪華な銀工芸品のコレクションが収められており、市内を見下ろす景観は抜群である。塔の頂上に登る途中には、オックスフォードの殉教者達（16 ページ参照）が投獄されていた独房へ続くドアがある。

科学史博物館

アインシュタインの黒板が残されているほか、何世紀にも亘って科学者達が使ってきた約 1 万 5 千点の展示品が見られる。アストロラーベ、製図器械、望遠鏡、顕微鏡、写真機、その他多数の品が、優雅なオールド・アッシュモリアン・ビルディングに収められている。1683 年に開館し、博物館として設計された最初の建物だった。

ブロード・ストリート

トリニティ・カレッジ

シェルドニアン・シアター

この劇場の建物はクリストファー・レンの初期の傑作で、現在はコンサート・ホールや講義の場所として、また大学関係の式典の場としても利用されている。この建物の両脇には、どれもヒゲをはやして通りの向かいのブラックウェル書店をじっと見つめる、奇妙な石の頭像が半円状に並んでいる。この頭像は彫刻家マイケル・ブラックが制作した、レンのオリジナルの近代的な複製であるが、そもそもレンのオリジナルにしてもローマ時代の彫刻の複製である。楕円形に近いこの建築は 1663 年、カンタベリー大主教で、オックスフォード大学総長でもあったギルバート・シェルドンによって委託されたもの。当時オール・ソウルズ・カレッジの天文学教授で、特別研究員だった若き日のクリストファー・レンは、ローマのマルケルス・シアターのデザインに基づいて設計を行った。劇場の中に入ると総長の座があり、さらに嫉妬と無知に対する芸術と科学の勝利を描いた、ロバート・ストリーターによる見事な天井壁画を見ることができる。創立記念祭には感銘深い行進に引き続いて、ここで名誉学位が授与される。屋上のドームまでは急勾配の階段を上らなければならないが、眺望が素晴らしいのでそれだけの価値はある。

シェルドニアン・シアター

トリニティ・カレッジ

トリニティ・カレッジの4つの見事な中庭は市の中心部にあって、素晴らしい緑地帯となっている。チャペルの荘厳な彫刻は石灰、クルミ材、ナシ材、樫材を素材としており、名匠グリンリング・ギボンズの作品とされている。

開館時間

トリニティ・カレッジの開館時間は各ロッジのゲート横の掲示板に記載されている。午後を開館時間としているところが多い。入場無料のところもあるが、見どころの多いロッジは少額の入場料を徴収している。

ブラックウェルズ

ブラックウェルズ

ベンジャミン・ブラックウェルが古本屋を開業した1879年当時、この書店は余りに狭くて客が一度に3人までしか入れなかったものが、いまでは地階売場(ノリントン・ルーム)はトリニティ・カレッジの地下部分まで延びており、書棚の総延長5キロメートルと世界最大の書店の一つとなっている。ブロード・ストリートにはブラックウェルズの支店が幾つかあるが、シェルドニアン・シアターの向かいにあるのが本店である。

クラレンドン・ビルディング

シェルドニアン・シアターの隣にあるのが、ホークスモアがオックスフォード大学出版局のために設計した、古典様式のクラレンドン・ビルディングである。同出版局ではいまだに、「クラレンドン出版局」の刻印を使用している。同出版局はその後規模が拡大して現在のウォルトン・ストリートの建物に移動し、クラレンドン・ビルディングは現在、大学当局のオフィスとなっている。

オックスフォードの殉教者

ブロード・ストリートの路面にある十字の印は、ここでオックスフォードの殉教者(16ページ参照)、すなわちトマス・クランマー大主教、ニコラス・リドリー主教、ヒュー・ラティマー主教が、メアリー女王統治下、カトリックを奉じた当時のイングランドで、プロテスタントの教義を掲げたために火刑に処されたことを記念したもの。リドリー主教とラティマー主教は1555年10月、クランマー大主教は1556年3月に処刑された。

ニュー・カレッジ・レーン

壮麗なブロード・ストリートを見た後で、ニュー・カレッジ・レーン上で優雅なアーチを描くオックスフォード名物「ため息の橋」を見れば、その繊細な美は意外なほどの感銘を呼ぶ。中世風に曲がりくねったこの通りは目立たないパブもあれば、エドマンド・ハレーの住居を垣間見ることもでき、さらに興味深いカレッジも2校あるなど驚きの連続である。

ため息の橋

ターフ・タヴァーン

ため息の橋

この優雅な建造物は外観ほど古くはない。ニュー・カレッジ・レーンによって分断されていたハートフォード・カレッジの新旧2つの中庭、オールド・クウォッドとニュー・クウォッドとを連絡するため、1913年サー・トマス・ジャクソンによって設計されたものである。イタリアのヴェニスにある有名な「ため息の橋」に形が似ていることから、この橋をその本来の名前であるハートフォード橋と呼ぶ人はいない。

ターフ・タヴァーン

この有名なパブに行ったことがない人は、ちょっと人に聞かないと見つけるのが難しい。ニュー・カレッジ・レーン沿いに「ため息の橋」をくぐると、左手にセント・ヘレンズ・パッセージという名の狭い路地がある。その先に何かがあるようには見えないが、それでもこの曲がりくねった路地を先に進んでいくと、当初競馬にちなんで名づけられた低くて細長いターフ・タヴァーンがある。このパブはもともとは旧城壁に沿って中世に建てられた麦芽製造所だが、今日残っている建物は大半が16世紀に造られたものである。内部は天井の低い部屋が取り留めなく広がっており、ビアガーデンには夜間暖を取るための火鉢が置いてある。

ニュー・カレッジの回廊

ニュー・カレッジ

750年ほど前にウィリアム・オブ・ウィカムがオックスフォードに、自分の設立した別の教育機関、ウィンチェスター・カレッジ出身者のためのカレッジとして、この美しいカレッジを創設した時点では文字どおり真新しかった。中庭や回廊は時間を超越した、平和なたたずまいを見せている。チャペルが特に素晴らしい。

ハレーの家

ニュー・カレッジ・レーン7番地の壁にはめ込まれた記念銘板には、王立天文台長にまでなった天文学者、エドマンド・ハレーが住んでいたこと、ここに自分用の天文台を持っていたこと、さらにここでハレーが彼の名を冠した例の彗星を発見したことが書かれている。

ハートフォード・カレッジ

イーブリン・ウォーの有名な小説「ブライズヘッド再訪」の中で、主役のセバスチャン・フライトが所属していたのはクライスト・チャーチであったが、作者自身は1920年代にハートフォード・カレッジで学部時代を過ごした。牧歌的な学生生活の描写は、彼自身の経験に基づいている。ハートフォードは1874年、裕福な銀行家トマス・ベアリングの財政的な支援によって、中世からあった2つの学寮を合併して創設された。

モデル・ストーリー

セント・ヘレンズ・パッセージ（かつてはヘル・パッセージ：地獄への道と呼ばれていた。）は、無学だが美貌に恵まれた馬丁の娘ジェーン・バーデンが、学部の学生で芸術家のウィリアム・モリスと出会った頃に住んでいたところ。彼女はモリスの妻となると同時に、モリスの最も有名なモデルとなった。その後の話はもはや歴史の一部となっている。

ラドクリフ・スクエア

ラドクリフ・スクエアはオックスフォード大学の威厳ある中枢となっており、18世紀半ばに建設された円形建築でドームをいただくラドクリフ・キャメラが、さまざまな建物が集中するこの一帯を睥睨している。ラドクリフ・キャメラの裏には世界で最も有名な書物コレクションを誇るボドレイアン図書館の主要部分がある。ラドクリフ・キャメラとボドレイアン図書館の内部は特別ツアーで見学可能。オールド・スクールズ・クウォドラングルへは誰でも入ることができ、ディヴィニティ・スクールとデューク・ハムフリー図書館にはガイドツアーもある。ブレイズノーズ・カレッジの入り口はラドクリフ・スクエアから少し入ったところにあり、ラドクリフ・キャメラの反対側に目を向けると、立派な錬鉄製のゲートの向こうに壮麗なツイン・タワーと、オール・ソウルズ・カレッジのレン日時計を見ることができる。(17ページ参照)

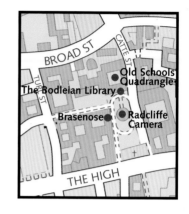

ラドクリフ・キャメラ

オックスフォードに数ある建物の中でも最も印象深いこのラドクリフ・キャメラは、現在隣接したボドレイアン図書館の主閲覧室となっている。この建物はアン女王の宮廷侍医だったジョン・ラドクリフ博士の蔵書を収めるために造られた。円形建築の構想は建築家のニコラス・ホークスモアの発案であったが、ホークスモアは1737年の建設開始を前に死去したため、最終的な設計はジェイムズ・ギブズが行った。キャメラとは「事務室」、もしくは「部屋」を意味している。

ラドクリフ・キャメラ

タワー・オブ・ファイブ・オーダーズ

ボドレイアン図書館

ボドレイアン図書館の主要な建物である大学学術図書館は、スクールズ・クウォッドにある。この図書館は英国内で出版されたすべての書籍について、1冊を収容する権限を持つ6大図書館の一つで、世界中の学者によって利用されている。これは1610年にサー・トマス・ボドレイが出版業組合との間で取り交わした協約に基づいている。ボドレイアン図書館とラドクリフ・キャメラは地下トンネル（非公開）でつながっている。

ディヴィニティ・スクール

ディヴィニティ・スクール

これは15世紀に講義所として使用されていたところで、ヨーロッパで最も美しい部屋との呼び声が高い。ファン（扇状）ヴォールトと呼ばれる丸天井には、建物の建設に資金を提供した人々の紋章をあしらった浮き彫りや、不思議な獣、聖書の登場人物がちりばめられている。

ブレイズノーズ・カレッジ

「ブレイズン・ノーズ（真鍮の鼻）」とよばれる、紋章上の動物の形をしていたブロンズ製の聖域に通ずるドアノッカーのオリジナルは、現在ダイニング・ホールの壁にはめ込まれている。天気がよければ「ディア・パーク」とよばれる当カレッジのこぢんまりした中庭で、しばし腰掛けて過ごすのもよい。

オールド・スクールズ・クウォドラングル

威厳のあるタワー・オブ・ファイブ・オーダーズをいただくこの静かな庭園は、ボドレイアン図書館とディヴィニティ・スクールの入り口にもなっている。この中庭からの入り口となっている、いくつかある薄暗い玄関と階段室には、それぞれラテン語で学校または学科の名称が掲げられている。ここではじっくり時間をかけて建築の妙を観賞することをおすすめする。壁面は多数のシンボルや意匠で装飾されており、中庭への主要な入り口となっているタワー・オブ・ファイブ・オーダーズは、古典建築の5大様式をすべて披露している。

「ディア・パーク」ブレイズノーズ・カレッジ

「ザ・ハイ」

オックスフォードでは市内の通りを呼ぶのに勿体をつけて、定冠詞と通りの名前だけを使うことが多い。ザ・ブロード、ザ・タール、そして勿論ザ・ハイもその一例である。ザ・ハイは優雅な幅の広い大通りで、カレッジが立ち並び植物園とモードリン・ブリッジの方向に緩やかなカーブを描いている。

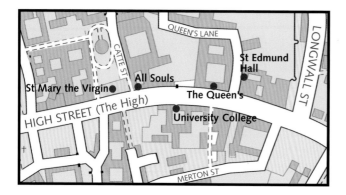

聖母マリア大学教会

装飾されたポーチと天高くそびえる尖塔を備えた聖母マリア大学教会は、大学の「正式な」教会として国事における中心的な役割を果たしてきた。オックスフォードの殉教者（英国国教徒であったリドリー主教、ラティマー主教、クランマー大主教）はプロテスタント信仰を棄てることを拒否したため、ここで審問にかけられた。北側廊の柱の一つに溝があり、1556年にクランマー大主教が火刑による死刑の宣告を受けた際、被告人席が設けられた跡を示している。それから200年後、今度はメソジスト派の創始者ジョン・ウェズレーが、教会と大学の道徳的堕落を糾弾する説教を行って市の有力者を怒らせた。詩学の教授であったジョン・キーブルは1833年、この教会の説教壇からオックスフォード運動を起こした。13世紀に建設された塔の内部にある127段の階段を上って屋根に出ると、パノラミックな眺望が開ける。

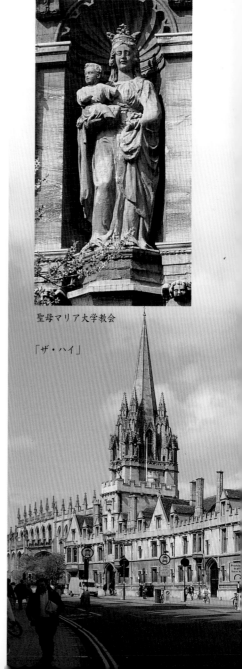

聖母マリア大学教会

「ザ・ハイ」

聖母のポーチ

聖母マリア大学教会の「聖母のポーチ」には、ねじれた柱の上に聖母マリアと幼子イエスの装飾像が配置されているが、これが17世紀半ばに清教徒を刺激し、この像にはクロムウェルの兵士が撃った銃弾の穴がいまだに残っている。

シェリー記念碑、ユニバーシティ・カレッジ

ユニバーシティ・カレッジ

このカレッジには 19 世紀末に、溺死した詩人パーシー・ビッシュ・シェリーの等身大の彫刻が寄贈されたが、これは当時あまり歓迎されなかったかもしれない。このカレッジで学んだ 6 カ月間、この若い詩人の行動は目に余るものであったため、1811 年、シェリーが無神論のパンフレットを出版したのを口実として彼を放校処分とした時、カレッジ当局は安堵したものだった。

オール・ソウルズ・カレッジ

このカレッジのグレート・クウォッドにあるニコラス・ホークスモア設計の壮大なツイン・タワーは、市内各所から垣間見える建築物である。ホークスモアはカレッジ内にあるコドリントン図書館の設計者でもある。この図書館の壁にはクリストファー・レンが制作した日時計もある。オール・ソウルズ・カレッジには学部学生は在籍しておらず、このカレッジの研究員は例外なく大学院生であり純粋学術研究が主力である。

オール・ソウルズ・カレッジ

クイーンズ・カレッジ

ホークスモアはここにも足跡を残しており、ゲートの上のイタリア風ドームは彼の設計によるものである。クイーンズ・カレッジの創立は 14 世紀にさかのぼるが、17 世紀、18 世紀にできた素晴らしい建築物もいくつかある。またこのカレッジにはクリスマスに行われる「ボアズ・ヘッド」の儀式など、奇妙な慣行の伝統もある。これはその昔ショットオーヴァー・ヒルで勉強していた学生が、獰猛な猪に襲われ、手に持っていたアリストテレスの書物を、食いついてくる猪の口に突っ込んで助かったという逸話を記念する儀式である。クイーンズ・ホールでの夕食の合図は、高らかにトランペットを鳴らして行われる。

セント・エドマンド・ホール

「テディ・ホール」の愛称で呼ばれるこのホールは、クイーン・ストリートからちょっと入ったところにあり、小さなフロント・クウォッドはオックスフォードの中でも人気が高く、チャペルにはバーン＝ジョーンズとモリスの制作による洗練されたステンドグラスもある。

マートン・ストリート

道幅が広く威厳のあるザ・ハイと、その裏にあって敷石舗装で古風な趣のあるマートン・ストリートほど対照的なものはない。ザ・ハイを離れてオーリエル・ストリート沿い、もしくはマグパイ・レーン沿いに遠回りすると、まるで何百年も昔に戻ったような気分になる。マートン・ストリートを歩けば、オックスフォード最古のカレッジのうち3校があって、優雅なエグザミネーション・スクールズの建物の前も通り過ぎる。

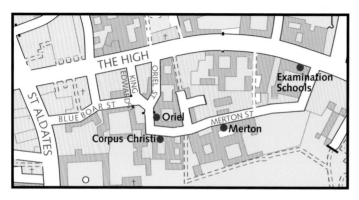

オーリエル・カレッジ

ゴシック調フロント・クウォッドのゲートウェイを入ると、前方にある欄干の装飾的な彫刻文字がいやでも目に入ってくる。ここに刻まれた言葉は、清教徒革命戦争中のオックスフォードの王党派に対する忠誠ぶりを物語る。Regnante Carolo（チャールズの治世）こそ、まさに彼らが熱望したものであった。このカレッジは1326年エドワード二世によって創設された。エドワード二世はバノックバーンにおけるスコットランド軍との合戦から敗走した際に、自分が助かった暁には聖母マリアの名のもとにカレッジを創設することを誓った。こうして神への感謝を忘

オーリエル・ストリート

れないエドワードによって、「オックスフォードの聖母マリアの家」が創設されたが、このカレッジは建物を装飾するオーリエル窓（出窓）のためか、もしくは当初敷地内の住居の一つが「ロリオール」と呼ばれたことにちなんで、現在の名称で呼ばれるようになった。

コーパス・クリスティ・カレッジ

自らの胸を突いて出血させ、その血でヒナを育てるといわれるペリカンの像は、500年の歴史を持つ当カレッジの瀟洒なメーン・クウォッドにすっくと立っている。このペリカンはコーパス・クリスティ（キリストの身体）を表現するもので、オリジナルは16世紀の彫刻家チャールズ・ターンブルによって制作されたが、現在のペリカン像はマイケル・ブラックが制作したレプリカである。コーパス・クリスティ・カレッジは1517年ウィンチェスター主教リチャード・フォックスによって創設され、今日人文科学、ならびに科学の教育で有名である。

コーパス・クリスティ・カレッジ

マートン・カレッジに沿った遊歩道

マートン・カレッジ

ゲートウェイの所で上を見ると、ライオン、ユニコーン、小羊、洗礼者聖ヨハネともう一人のひざまずく人物像の彫刻が見えるが、これは当カレッジの創設者、ウォルター・ド・マートンだとされている。イングランド大法官マートンが1264年、自分の名を冠して創設したこのカレッジは、オックスフォード最古のカレッジの一つでもある。やはりオックスフォード最古のクウォドラングルであるモブ・クウォッドも有名である。フロント・クウォドラングルの一角にある、フィッツジェイムズ・ゲートウェイをくぐる時に上を見ると、丸天井に彫刻された獣帯星座が目に入る。マートン・カレッジの古いチャペルには、ステンドグラスも豊富に使われている。

エグザミネーション・スクールズ

この新ジャコビアン様式の建物は何百人もの学生に最終試験を受験する場所を提供するため、1882年サー・トマス・ジャクソンが設計したもの。学生にとってはあまり頻繁に訪れたい場所ではないかもしれないが、マートン・ストリートの角を曲がって、ザ・ハイに戻る途中で目に入る堂々とした建物である。

由緒ある コーヒーハウス

ザ・ハイに戻ったら左手にあるグランド・カフェで、お茶かコーヒーで一休みするのもよい。ここはイングランド最古のコーヒーハウス（創業1650年）があったところ。

エグザミネーション・スクールズ

19

モードリン・ブリッジ

オックスフォードの中でも最も富裕なカレッジの一つであるモードリン（必ずモードリンと発音すること）は、見どころも多い。モードリン・ブリッジは、道を渡ったところにある植物園の敷地と、カレッジの敷地との境界線となっている曲がりくねったチャーウェル川にかかる昔からの渡し場で、この橋にはボートハウスが付いており、パント（平底船）による船遊びの出発点となることが多い。植物園を通る遊歩道とブロード・ウォークを行くと、クライスト・チャーチ・カレッジに戻るようになっている。

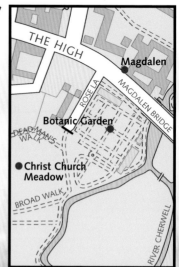

モードリン・カレッジ

優美な庭、広々とした回廊、鹿公園、川辺での遊歩道など、モードリン（1458年創立）は楽しみの多いスポットである。入り口に向かって歩いてゆくとカレッジの塀に奇怪な石の彫刻があるのが見える。その多くは何世紀も前にここに暮らし、勤めていた人々のカリカチュアである。小さなチャプレンズ・クウォドラングルには、デビッド・ウィンの手になるキリストとマグダラのマリアの心を揺さぶる彫像がある。高さ48メートルのグレート・タワー（大登楼）の屋上には、毎年メイ・デーを祝賀する目的で、朝6時からカレッジ聖歌隊が集う。その後はモリス・ダンシングとシャンペンによるお祭り騒ぎが恒例となっている。そここに奇妙な彫像が建っているモードリンの回廊や、芝の豊かなクウォドラングルは静けさと美に満ちている。4月にここを訪れると、川辺に紫と白のスネークヘッド・フリティラリー（ユリ科の花）が霞のように生い茂っている様が見もの。

モードリン・カレッジ・メドウ

植物園

道路を横切ると各種植物のコレクションを見ることができる。川沿いに歩いても良いし、単にベンチに腰掛けて全国でも有数のユーホルビアなど、厖大な品種の花々であふれた庭園の見事なレイアウトを楽しむのも良い。ここは英国最古の植物園で、品種の保存、標本、学術研究を目的として植物が生育されている。「オーダー・ベッド（分類花壇）」に加えて、水と岩をあしらった庭園、各種樹木や興味深い植物でいっぱいの境栽があり、どれもきちんとレベルが付されている。ここではピクニックも楽しめるし、各種の植物であふれた温室も見ものである。

植物園

パント（平底船）による船遊び

学生・観光客いずれにとっても、時にはおぼつかない手つきでサオを手に平底のボートを操って川を上るのは、危なっかしいながらも楽しい遊びである。ここでは心得のある者がボート最後尾に立つのが習わしである。一方ケンブリッジでは平らなプラットフォームに立って船を操るのが普通で、オックスフォードの流儀は悪いやり方とされている。いずれにしろ船をまっすぐ操ることに成功した後の達成感は格別で、悪戦苦闘するだけの価値はある。

モードリン・カレッジ

クライスト・チャーチ・メドウ

植物園沿いにあるローズ・レーンを歩いて行くとクライスト・チャーチ・メドウに入る。道分かれしているところでデッドマンズ・ウォーク（中世の葬列ルート）に入って、マートン・カレッジの塀沿いに歩くか、そのまま川に向かってブロード・ウォーク沿いに行く。

ボーモント・ストリートと
セント・ジャイルズ

市の中心街の喧噪からほんの数分歩くだけで、依然として古いカレッジは点在しているものの、周囲が広々としてゆったりした気持になる。ここセント・ジャイルズにはオックスフォードの殉教者の記念碑もあれば、J.R.R. トールキンや C.S. ルイスといった作家が集った有名なパブもある。さらに考古学上の遺物や貴重な絵画の膨大なコレクションを収めたアッシュモリアン博物館もある。

アッシュモリアン博物館

荘重な新古典様式のこの建物は、ボーモント・ストリートとセント・ジャイルズの交差点にあり、園芸家のジョン・トレイドスキャント親子が17世紀に収集を開始した美術品・アンチークのコレクションが収められている。収集家のエライアス・アッシュモールはこれらの財宝を英国初の博物館の一つとして、ブロード・ストリートの建物で展示した。これらは後に分割されて、その一部がボーモント・ストリートの建物に移され、残りはユニバーシティ自然史博物館とピット・リヴァーズ博物館に収められた。(24、25 ページ参照)

ランドルフ・ホテル

気分転換に、ここのモース・バー（コリン・デクスターの作品の登場人物で、勤務中に一杯やるのを楽しみにしている刑事の名前に由来する）に入ってみよう。ランドルフ・ホテルは多くの人々に愛されているオックスフォード名物である。

アッシュモリアン博物館

グロスター・グリーン農家直売市場

グロスター・グリーン

かつては牛の市だったこの広場は、今はバスステーションにもなっており、今でも農家直売市場で、アンティークなど農産物以外の品物も売られている。広場の両脇には専門店が軒を連ねている。

殉教者記念碑

プロテスタント信仰を遺棄することを拒否したために、火刑に処せられた3人の英国国教徒を記念するこの威厳あるメモリアルは、殉教から300年経った1841年にジョージ・ギルバート・スコットによってデザインされた。クランマー大主教は聖書を掲げて北の方向に向かい、ニコラス・リドリーは東を見つめ、ヒュー・ラティマーは腕組みをして西の方向に頭を垂れている。

殉教者記念碑

「鷲と童」亭

「鷲と童」亭

「指輪物語」の原作者 J.R.R. トールキンやその友人 C.S. ルイスなど、「インクリングズ」と称されるオックスフォード大学の作家連中は、毎週火曜日に大勢でこのパブの「ラビットルーム」と呼ばれる部屋に集って、「中つ国」やナルニアについて話をすることを恒例としていた。ここには数多くの記念品が展示されており、「鳥と赤子」という愛称を持つこのパブ自体が興味深い存在である。

ジェリコー方面に向かう

セント・ジャイルズの西側を、市内のジェリコー地区に向かって行くとお店やカフェ、レストランなどが多く、散策に値する2本の通り、リトル・クラレンドン・ストリートとウォルトン・ストリートがある。いずれも驚くことばかりの通りである。

ウォルトン・ストリート

パークス・ロード

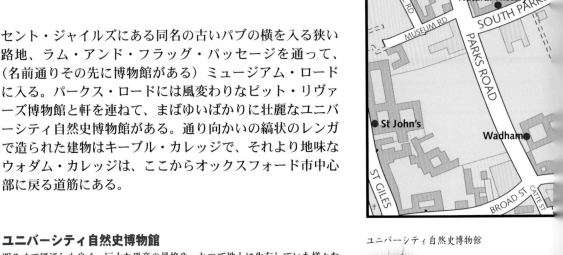

セント・ジャイルズにある同名の古いパブの横を入る狭い路地、ラム・アンド・フラッグ・パッセージを通って、(名前通りその先に博物館がある) ミュージアム・ロードに入る。パークス・ロードには風変わりなピット・リヴァーズ博物館と軒を連ねて、まばゆいばかりに壮麗なユニバーシティ自然史博物館がある。通り向かいの縞状のレンガで造られた建物はキーブル・カレッジで、それより地味なウォダム・カレッジは、ここからオックスフォード市中心部に戻る道筋にある。

ユニバーシティ自然史博物館

明るくて風通しも良く、巨大な恐竜の骨格や、かつて地上に生存していた様々な生物の化石標本にあふれるこの博物館は、子供達に人気のスポット。高いアーチ天井を持つこのヴィクトリアン・ゴシック様式の建物には、ルイス・キャロルによる一連の「アリス」作品に出てくるドードーのヒントとなった、ヨーロッパ最後のドードー鳥の剥製も展示されている。加えて鉱物、岩石、貝殻、石の標本も収められている。博物館の塔ではアマツバメが巣づくりに励んでおり、その進行状況はウェブカムで公開されている。

ユニバーシティ自然史博物館

ピット・リヴァーズ博物館

自然史博物館の中を歩きながら、最初に何を見るべきか方針を立てることが先決。種類別に整理された50万もの展示物があり、ビジターは世界中で人間の思考がどのように発展してきたかを見ることができる。マスク、武器、織物、通貨、楽器、道具、呪物、宝石類、その他ジェームズ・クック船長が南太平洋の探検旅行から持ち帰った収集物など、多数の展示物がある。展示物の中核をなしているのは、1884年にオーガスタス・ヘンリー・レーン・フォックス・ピット・リヴァーズ中将によって寄贈されたもの。

ピット・リヴァーズ博物館

セント・ジョンズ・カレッジ

オックスフォード大学の中でも最も富裕なカレッジの一つで、サー・トマス・ホワイトが1555年に設立し、洗礼者ヨハネにちなんで名づけた。サー・トマスは裕福な洋服業者の息子だったが、洗礼者ヨハネは仕立て屋の守護聖人である。ビジターは装飾的なカンタベリー・クウォッドを通って、手入れの行き届いた庭園に入ることができる。

セント・ジョンズ・カレッジ

ウォダム・カレッジ

サマセットの富裕な夫婦、ニコラスとドロシー・ウォダムが独自に設計して建設させたカレッジであるが、夫婦共に落成した建物を見ていない。夫のニコラスは建設が開始される前に死去し、未亡人となったドロシーはサマセットから名匠達を派遣して、カレッジが設計通りの様式で建設されるよう万全を尽くすことをライフワークとした。建設プロジェクトの責任者は、サマセットにおいてモンタキュート館を建設したウィリアム・アーノルドであった。建物が落成した時、ドロシーはサマセットの居宅を離れることなくカレッジの学則を作成し、職員や召使いを任命したのだった。

キーブル・カレッジ

キーブル・カレッジ

「フェアアイル・セーターを着込んだ恐竜」とは、貧しい学生に機会を与えるために1868年、一般からの寄付によって建設された当カレッジ外壁のレンガの模様を、気の利いた人間が形容したもので、その名称は初期のキリスト教精神の復興を目指したオックスフォード運動の創始者、ジョン・キーブルに由来している。このチャペルには世界で最も有名な絵画の一つである、ホルマン・ハント作「世界の光」が展示されている。

25

インフォメーション

メイ・デーなどオックスフォード大学独特の慣行や伝統は年中行事となっており、地元住民やビジターも参加して楽しむことができる。これらの他に年間を通して定期的に行われるイベントもある。

最新イベント情報

各種イベントについての情報は、細大もらさずツーリスト・インフォメーション・センターで入手することが可能。

2月

オックスフォード・タウン・ホール（セント・オールデーツ）での中国暦新年祝賀会
1年生のためのトーピッズ・ボートレース（テムズ川）

3月

カレッジ対抗トーピッズ・ボートレース（テムズ川）

4月

サンデー・タイムズ・オックスフォード文学フェスティバル ― 開催場所は毎年変更される

5月

モードリン・カレッジ、ならびに全市においてメイ・デー祝賀会
エイツ・ウィーク・ボートレース（テムズ川）
カトルロウ公園でのバルーン・フィエスタ
市長パレード（5月下旬のバンクホリデー）
オックスフォード市民マラソン（ユニバーシティ・パークス）
ビーティング・ザ・バウンズ（キリスト昇天祭）

6月

創立記念祭
オックスフォード運河祭

7月

テムズ川白鳥調査
スポーツ・フェスティバル

8月

ジャズ・イン・ザ・パーク
オックスフォード市ロイヤル・レガッタ

9月

セント・ジャイルズ・フェア

11月

クライスト・チャーチ・レガッタ

12月

タウン・ホールにおける市長主催クリスマスキャロル
ヘディントン・クウォリーにおけるボクシング・デー（26日）のモリス・ダンシング

ビーティング・ザ・バウンズ（キリスト昇天祭）

市長・大学関係者の先導で市民が参加した荘厳な行列が、「マーク、マーク、マーク」と叫びながらオックスフォード中を行進し、この行事の呼び名通り旧城壁（バウンズ）の石を文字通り細い杖で叩いて廻る。この儀式は5月のキリスト昇天祭に行われることになっている。

メイ・デー祝典

モードリン・カレッジ聖歌隊がカレッジタワー屋上でメイ・デーを祝賀する（20ページ参照）。これに引き続きシャンペン・ブレックファストや、チャーウェル川での早朝水泳に加え、ブロード・ストリートとラドクリフ・スクエアではモリス・ダンシングが挙行され、町全体がお祭り騒ぎとなる。

トーピッズ

ℹ️ ツーリスト・インフォメーション・センター (TIC)
15/16 Broad Street, Oxford
OX1 3AS
電話：01865 252200
Eメール：tic@oxford.gov.uk
ウェブサイト：www.visitoxford.org

ショップモビリティ

♿ 自力での移動が困難な人のための電動車イス・電動スクーターの貸出窓口
Level 1a, Westgate Shopping Centre Car Park
運営時間：月曜〜金曜 9:30〜16:00
予約窓口電話番号：01865 248737

博物館・美術館一覧

アッシュモリアン博物館
(Ashmolean Museum)
01865 278000,
www.ashmol.ox.ac.uk
クライスト・チャーチ絵画館
(Christ Church Picture Gallery)
01865 276172,
www.chch.ox.ac.uk/gallery
オックスフォード近代美術館
(Modern Art Oxford)
01865 722733,
www.modernartoxford.org.uk
科学史博物館
(Museum of the History of
Science)
01865 277280,
www.mhs.ox.ac.uk
オックスフォード博物館
(Museum of Oxford)
01865 252761,
www.museumofoxford.org.uk
ピット・リヴァーズ博物館
(Pitt Rivers Museum)
01865 270927,
www.prm.ox.ac.uk
ユニバーシティ自然史博物館
(University Museum of Natural
History)
01865 272950,
www.oum.ox.ac.uk

各種ツアー

ツーリスト・インフォメーション・センターにおいて、各種ツアーの詳細情報入手可能。

ブルーバッジ・ガイドによるウォーキング・ツアーは、ブロード・ストリートのツーリスト・インフォメーション・センターを出発点として毎日開催。インスペクター・モース・ウォーキング・ツアーは毎土曜日に、またゴースト・ツアーは毎金曜日および毎土曜日の晩に開催。

解説付きのオープントップ・バスによるツアーも毎日運行しており、チケットはツーリスト・インフォメーション・センター、または駅・バスステーションで購入可能。オープントップ・バスは運行ルートのどこからでも乗車可能。

パント（平底船）はモードリン・ブリッジで、船頭付、または船頭なしで貸出可能。ボート・ツアーもフォリー・ブリッジから定期的に運航。

創立記念祭

6月に各カレッジの学長その他、大学の重鎮が赤いローブと式服で正装してシェルドニアン・シアターまで市内を行進し、ここで優れた功績のあった人々に名誉学位を授与する。

創立記念祭

セント・ジャイルズ・フェア

2日連続して行われるこの路上フェアは、1625年に乞食や癩患者の守護聖人セント・ジャイルズを記念して、小規模な教区フェアが開催されたことが起源。今日ではセント・ジャイルズとその周辺を舞台に、移動遊園地の乗り物から、屋台、バンドの演奏に至るまで、路上で催せるものなら何でもありのフェアとなっている。開催日は9月2日以降の最初の月曜日と火曜日。

表紙：ユニバーシティ・カレッジの入り口
裏表紙：チャーウェル川でのパント遊び

正確性が確認されていますが、その後変更されている可能性があります。

Printed in Great Britain.
ISBN: 978-1-84165-189-7　　2/10

制作関係者への謝辞

写真：ニール・ジンカーソン
©Pitkin Publishing Ltd.
さらに以下の方々の了承を得て写真を掲載させていただきました：
Alamy: 12c, 17t, 27t (Oxford Picture Library), 26 (Ben Ramos); John Crook: 7cl, 7tr; John Curtis: 2/3, 12/13, 16c, 24b; John Heseltine: 9tr; Pitkin Publishing Ltd.: 4bl, 4/5, 8cr, 12r, 22, 26; Museum of Oxford: 5c; Pitt Rivers Museum: 25cl; The Cathedral Christ Church Oxford: 6/7 inset; V & A Picture Library: 13cl.

本書の制作にあたって、ブルーバッジ・ガイドのリートリス・ピーソンのご協力をいただいたことを感謝します。

著作：アニー・ブレン（著作者が道義上の権利を留保）
編集：アンジェラ・ロイストン
デザイン：サイモン・バロウ
絵画リサーチ：ジャン・キーン
地図：[シティ・マップ／パーク＆ライド・マップ] ザ・マップ・スタジオ・リミテッド（英国ハンプシャー州ロムジー）、[ウォーキング・マップ] サイモン・バロウ、©George Philip Ltd. による地図作成法を使用

ピトキン・シティ・ガイド

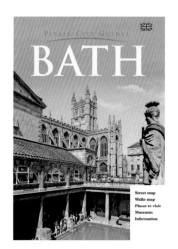

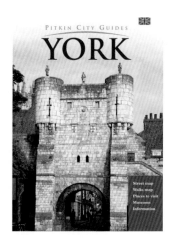

本書はシティ・ガイド・シリーズの一巻です。
メール・オーダーで購入することができます。
シティ・ガイド・シリーズ全巻のタイトルについては当社ウェブサイト（**www.pitkin-guides.com**）に掲載されていますが、当社にご請求いただければカタログをお送りします。

連絡先
Pitkin Publishing Ltd., Healey House, Dene Road, Andover, Hampshire, SP10 2AA, UK
電話：（照会受付）01264 409200　ファックス：01264 334110
電話：（営業部）01264 409200
Eメール：sales@thehistorypress.co.uk

PITKIN
·GUIDES·